## Jutta Schütz
## wurde in Lebach (Saarland) geboren.

Mit ihrem ersten Bestseller "Plötzlich Diabetes" (2008) gilt die Autorin bei Kritikern als Querdenkerin. 2010 startete sie mit ihren Gesundheitsbüchern ihr Pilotprojekt in Bruchsal und später bei der VHS in Wolfsburg. Schütz schreibt Bücher, die anspornen, motivieren und spezielles Insiderwissen liefern. Sie hat bis heute über 100 Bücher geschrieben und an vielen anderen Büchern mitgewirkt. Zudem hilft sie als Mentorin und Coach vielen Neuautoren bei der Veröffentlichung ihrer Bücher.

Als Journalistin schreibt sie für viele Verlage und Zeitungen. Ihre Themen sind: Gesundheit, Psychologie, Kunst, Literatur, Musik, Film, Bühne, Entertainment. Weitere Informationen zur Autorin und ihren Büchern findet man in den Verlagen, auf ihrer Webseite sowie im Kultur-Netzwerk.

### Mehr Infos finden Sie auf der Webseite:
www.jutta-schuetz-autorin.de
www.die-gruppe-48.net/Funktionstraeger

# Inhaltsverzeichnis

# Jutta Schütz

# TRANS*Kinder/Erwachsene

# besser verstehen

## Ratgeber

© 2019 Autor: Jutta Schütz
© 2019 Buchsatz, Layout, Buchgestaltung
© 2019 Buchidee: Jutta Schütz
www.jutta-schuetz-autorin.de
E-Mail: info.jschuetz@googlemail.com

## © 2019 Herstellung und Verlag:
## BoD – Books on Demand, Norderstedt

## ISBN: 9783749451425

Bibliografische Information der Deutschen Nationalbibliothek:
Die Deutsche Nationalbibliothek verzeichnet diese Publikation
in der Deutschen Nationalbibliografie; detaillierte bibliografische Daten sind im Internet über http://dnb.d-nb.de abrufbar.

# Einleitung

Die Akzeptanz und Sichtbarkeit von Transmenschen ist in der Mitte unserer Gesellschaft endlich angekommen. Und trotzdem ist es immer noch sehr kompliziert, was sprachliche und korrekte Bezeichnungen für Transgender, Transvestit, Transsexuell, oder Transidentität sind.

Die Geschlechtsidentität dieser Menschen wird oft von der Mehrheitsgesellschaft, von den behandelnden Ärzten und auch von ihnen selbst infrage gestellt oder falsch verstanden. Oft wissen diese Menschen selbst nicht, wohin sie gehören und was sie sind.

Der Begriff "Transgender" wird heute oft als ein Oberbegriff benutzt und wurde in den 1970er Jahren von Virginia Prince (USA) geprägt. Sie gründete die Zeitschrift "Transvestia" (1960), die sie bis 1980 herausgab.

Solch eine Thematik sollte im 21. Jahrhundert kein Tabuthema mehr sein!

# *Transgender*

Transgender sind Menschen, die sich nicht (oder nicht NUR) mit dem Geschlecht identifizieren, mit dem sie geboren wurden.

Der Begriff "Transgender" wird auch oft als Oberbegriff genommen für Menschen, die sich weder mit dem Geschlecht "Mann" noch mit dem Geschlecht "Frau" identifizieren.

- **Trans:**

Das Wort kommt aus dem Lateinischen und bedeutet so viel wie "hinüber oder jenseitig".

- **Gender:**

Dieses Wort bezieht sich auf das (soziale) Geschlecht. Dieses Wort wird von einigen "transgeschlechtlichen Menschen" abgelehnt, wegen der Betonung der sozialen Komponente.

Der Begriff "Transgender" ist also (scheinbar) der Oberbegriff für all die Menschen, die offensichtlich aus dem allgemein gängigen Rollenempfinden der Gesellschaft auszubrechen versuchen.

Schon in den 1980er Jahren hat man "Transgender" zunehmend als einen gender-politischen Oberbegriff benutzt.

In den USA setzte sich parallel mit der Frauenforschung (Womens-Studies) und Geschlechterforschung (Gender-Studies) auch der Begriff Transgender durch. Erst zirka 1994 hat in Europa ein Transgender-Diskurs begonnen. Richtungsweisend dafür verantwortlich war 1994 das "psychiatrische Klassifikationssystem (DSM-IV)".

- **Frauenforschung:**

Die Frauenforschung umfasst die Bereiche: Anthropologie, Soziologie, Geschichte, Medizin, Ästhetik, Feminismus, Emanzipation, Frauenbewegung und die Frauenbildung.

- **Geschlechterforschung:**

Die Geschlechterforschung ist eine interdisziplinäre Forschungsrichtung (Kultur, Gesellschaft und Wissenschaften).

Diese Studien gibt es vor allem in den Kultur- Sozial- und Geisteswissenschaften. Sie sind auch in anderen Forschungsbereichen wie zum Beispiel in Verbindung mit Biologie und Medizin zu finden.

Die Definitionen und Festschreibungen von "Weiblichkeit" und "Männlichkeit" im Alltag sowie auch in den Wissenschaften sind selbst Gegenstand der "inter- wie transdisziplinären" Gender-Studien.

Soziologin Nina Degele nennt in "Gender studies/Queer studies" drei verschiedene Forschungsperspektiven der Fachrichtung gemeinsame Postulate:

- Postulat des Geschlechts als zentraler Fokus der Theoriebildung.

- Postulat der Problematik gegenwärtiger Geschlechtsverhältnisse

- Postulat, dass diese gegenwärtigen Geschlechterverhältnisse weder naturgegeben noch unveränderlich seien.

Die verschiedenen Forschungsrichtungen der Gender-Studies in der Theoriebildung basieren danach auf einem gemeinsamen feministischen Ansatz.

Transgender sind grundsätzlich unabhängig von der sexuellen Orientierung und sexuellen Vorlieben – sämtliche sexuellen Variationen, die bei Cisgendern bekannt sind – gibt es auch bei Transgendern.

# Cisgender

Der Ausdruck "Cisgender" oder auch "Zisgender" bezeichnet Menschen, deren Geschlechtsidentität mit dem Geschlecht übereinstimmt, mit dem sie geboren wurden und nach der Geburt zugeordnet wurden.

Das Gegenteil davon wird als Transgender bezeichnet.

Der Sexualwissenschaftler Volkmar Sigusch hat diesen Ausdruck (Cissexualität) im Jahre 1991 eingeführt. Er wollte damit ausdrücken, dass es Cissexuelle geben müsse, wenn es Transsexuelle gebe und dass dies als normal unterstellte Zusammenfallen von Körpergeschlecht und Geschlechtsidentität keine Selbstverständlichkeit sei.

Volkmar Sigusch wurde 1940 in Bad Freienwalde geboren und ist ein deutscher Psychiater und Sexualwissenschaftler. Er etablierte in Frankfurt die Sexualmedizin als eigenständigen Wissenschaftsbereich. Er gilt als einer der bedeutendsten Sexualforscher.

# Transvestiten

Transvestiten tragen Kleidung eines anderen Geschlechts und sind unabhängig von der sexuellen Orientierung. Transvestitismus kommt sowohl unter Heterosexuellen als auch unter Homosexuellen vor.

Transvestiten gibt es in speziellen Shows, man sieht sie auf dem Christopher Street Day oder bei Performances von Dragkings, in denen gerade Lesben überspitzte Formen der Männlichkeit persiflieren.

Der Begriff "Transvestitismus" wurde von Magnus Hirschfeld im Jahr 1910 geprägt. Er war ein deutscher Arzt (Sexualwissenschaftler) und Mitbegründer der ersten Homosexuellen Bewegung.

Hirschfeld unterschied zwischen Transvestitismus und seelischem Transsexualismus (1923: Jahrbuch für sexuelle Zwischenstufen).

Harry Benjamin griff im Jahre 1953 diese Unterscheidung in seinem Artikel "Transvestism and Transsexualism – Intl. Journal of Sexology" auf und etablierte sie 1966 mit seiner Veröffentlichung "The Transsexual Phenomenon" in der Sexualmedizin.

Diese Kategorien sind bis heute noch die bekanntesten aus dem Transgender-Spektrum.

Harry Benjamin war ein deutschamerikanischer Endokrinologe und Sexualreformer. Er war ein Pionier auf dem Forschungsgebiet der Transsexualität.

Der Transvestitismus stellt spielerisch die stereotypen Geschlechternormen in Frage.

Laut ICD-10 (Internationale statistische Klassifikation der Krankheiten und verwandter Gesundheitsprobleme) ist der Transvestitismus eine psychische Störung (Code F64.1 – Transvestitismus unter Beibehaltung beider Geschlechtsrollen).

Transvestitismus wird jedoch nur dann als eine psychische Störung angesehen, wenn die Betroffenen in klinisch bedeutsamer Weise darunter leiden:

- Sie möchten gegengeschlechtliche Kleidung tragen, um die zeitweilige Erfahrung der Zugehörigkeit zum anderen Geschlecht zu erleben.

- Das Tragen der Kleider ist nicht von sexueller Erregung begleitet.

- Es besteht kein Wunsch nach dauerhafter Geschlechtsumwandlung (chirurgischer Korrektur).

Es gibt noch eine weitere, davon zu unterscheidende Diagnose: Transvestitischer Fetischismus.

Dieser wird ebenfalls als psychische Störung angesehen und den "Paraphilien (F65.1)" zugeordnet.

Diese Einstufung als Störung gilt aber als umstritten, da diese Menschen in ihrer Lebensführung kaum eingeschränkt sind und ein ganz normales Leben führen. Sie sind oft verheiratet und verkleiden sich NUR privat.

Eine Abgrenzung zum Transvestitismus ist mangels wissenschaftlicher klarer Definition sehr unscharf. Die Begriffe werden teilweise synonym benutzt oder sie überlappen sich und werden zum "Transgender-Spektrum" gerechnet:

- Cross-Dressing

- DWT (Damenwäscheträger)

- Drag

- Travestie

Gegen diese Pathologisierung hat sich längst ein Widerstand formiert und es wird damit gerechnet, dass die WHO den Transvestitismus bald nicht mehr als Krankheit einstuft.

**Das Wort "Paraphilien" bedeutet:**

Sexuelle Neigungen, die deutlich von der empirischen Norm abweichen.

Es zählen dazu ausgeprägte und wiederkehrende sexuelle Fantasien, Bedürfnisse oder Verhaltensweisen die sich auf **"unbelebte"** Objekte (sexueller Fetischismus, Schmerz, Demütigungen) beziehen.

Diese Neigung wurde lange Zeit überwiegend als krankhaft betrachtet. Seit Veröffentlichung des DSM-5 (2013) wird dies nicht mehr grundsätzlich zugeordnet.

Die Diagnose (sexuelle Vorliebe als Paraphilie) ist immer noch umstritten und unterliegt historisch und soziologisch einem kontinuierlichen Wandel.

# Cross-Dressing

Es gibt keinen typischen Cross-Dresser.

Manche (männlich) Cross-Dresser versuchen so weit wie möglich, die weibliche Kleidung in den normalen Alltag einzubinden und es ist ihnen egal, was ihr Umfeld dazu sagt. Auf Röcke verzichten sie aber in der Öffentlichkeit.

Andere Cross-Dresser (männlich) ziehen sich komplett als Frau an, schminken sich auch und tragen Perücke. Sie genießen so ihren Auftritt in der Öffentlichkeit als Frau. Er lebt so seine "weibliche" Seite aus und passt so sein Äußeres so wie auch seine Gestik an. Trotzdem kehrt er immer wieder in seinen "normalen" Alltag zurück.

Der extreme Cross-Dresser hingegen lebt nur noch als Frau und seine Vollendung (OP zur Frau) ist nur noch eine Formsache, die ihm zu seinem Glück fehlt.

Je stärker die Gefühle "Verkleiden zur Frau" wachsen, kommen Nylonstrümpfe, Rock und Bluse hinzu. Als weitere Steigerung wird sich perfekt geschminkt sowie Schmuck und Perücke getragen.

Männliche Cross-Dresser brauchen das Verkleiden zur Erholung vom Alltag. Für diese Menschen ist der Stressabbau in Frauenkleidung unverzichtbar.

Das Wort "Cross-Dressing" wurde in den 1970er Jahren von einer Gruppe von heterosexuellen Cross-Dressern geprägt. Sie wollten die bestehenden Assoziationen von Transvestitismus zu Schwulen und transvestitischem Fetischismus vermeiden.

Trotzdem wird das Wort "Cross-Dressing" immer noch als Ausdruck der Geschlechtsidentität zu Transgender gerechnet.

Gross-Dresser verspüren den Wunsch, ihre Geschlechtsidentität nach außen auszudrücken. Dazu gehören neben Kleidung auch die Stimme und die Sprache. Besonders die Kleidung versuchen sie in ihre Alltagsbekleidung zu integrieren. Zum Beispiel ziehen sie ein Damenunterhemd oder Damenunterhose unter ihre Männerbekleidung an.

Frauen (Transmänner) haben die Möglichkeit, "männliche" Kleidung in die Alltagsbekleidung zu integrieren, was überhaupt nicht auffällt.

Dieses Cross-Dressing ist oft nicht mit sexueller Erregung oder sexuellen Handlungen verbunden.

Die weiblichen Cross-Dresser legen im Allgemeinen keinen Wert auf frauentypische Kleidung sowie Schminken oder frauentypische Berufe.

Das "Cross-Dressing" kann auch eine extreme Form der Verkleidung sein, um widrigen Umständen zu entkommen. Es gibt Frauen, die Männerkleidung wählen, um Vergewaltigungen zu entgehen.

## Cross-Dressing als sexuelle Stimulation:

Das Tragen der Kleidung (mitunter auch mit Schminke, Schmuck, Perücke oder Bartanlegen) des anderen Geschlechts kann auch der sexuellen Erregung dienen. Die sexuelle Orientierung spielt dabei keine Rolle.

So kommt es während des Tragens bei diesen "fetischistisch veranlagten" Cross-Dressern zu einer sexuellen Stimulation – oft von Masturbation begleitet. Es folgt oft "nach dem Orgasmus – Erregung" das Bedürfnis, die Kleidung wieder auszuziehen.

Männer, die heterosexuell sind und Frauenkleidung tragen, beginnen meistens in der späten Kindheit und es hat oft am Anfang mit sexueller Erregung zu tun. Dagegen flüchten sich Transvestiten möglicherweise aus anderen Gründen in die Kleidung des anderen Geschlechts, eventuell um Entspannung zu suchen oder Stress abzubauen.

Es gibt Transvestiten, die entwickeln im späten Mannesalter eine Geschlechtsdysphorie und möchten am Ende eine Geschlechtsumwandlung.

*Eine Geschlechtsdysphorie weist eine erhebliche Diskrepanz zwischen dem anatomischen Geschlecht und dem inneren Selbstverständnis "seiner Person" auf.*

Cross-Dressing ist fast nie einfach nur eine Macke, Marotte oder Neigung, diese Menschen haben jahrelang dagegen "alleine" angekämpft und den Weg zum Psychologen gescheut.

Es ist vergleichbar wie eine Sucht, die sich über all die Jahre immer weiter entwickelt.

Wenn der Partner von Transvestiten kooperiert, schadet der Transvestismus der sexuellen Beziehung nicht, mal abgesehen von den seelischen Problemen.

Kooperiert der Partner aber nicht, kann dies auf beiden Seiten zu Ängsten, Depressionen und Schuld- sowie Schamgefühlen führen.

# *Damenwäscheträger (DWT)*

Damenwäscheträger unterscheiden sich im Wesentlichen von Transvestiten, welche sich zumeist vollständig gegengeschlechtlich kleiden.

Damenwäscheträger ziehen unter ihrer Straßenkleidung "versteckt" und als "sexuellen Reiz" gewohnheitsmäßig Damenwäsche an.

Das können Slips, Strumpfhosen (Strümpfe), Korseletts, Hüfthalter oder Büstenhalter sein, die sonstige Kleidung ist männlich ausgerichtet.

Bei "Damenwäscheträger" kann es sich sowohl um homosexuelle wie auch um heterosexuelle Männer handeln.

Damenwäschetragen wird häufig als Fetischismus angesehen und kann aber auch Bestandteil eines Feminisierungsrollenspiels in der BDSM-Szene sein.

# *Sexualpräferenzen (BDSM)*

Der Begriff "BDSM" ist eine Sammelbezeichnung für eine Gruppe von Sexualpräferenzen. Er umfasst eine Gruppe von meist sexuellen Verhaltensweisen (Dominanz, Unterwerfung, spielerischer Bestrafung, Lustschmerz oder Fesselungsspielen).

Die Buchstaben "BDSM" kommen von den Anfangsbuchstaben der englischen Bezeichnungen "Bondage & Discipline, Dominance & Submission, Sadism & Masochism"

Sexualpräferenz (sexuelle Neigung) ist der Oberbegriff für sexuelle Vorlieben, Neigungen, Wünsche und Phantasien, die sich in entsprechenden "sexuellem Verhalten" äußern können. Dabei können sich die Vorlieben auf bestimmte "sexuelle Praktiken" oder bestimmte "Sexualpartner- oder Objekte" beziehen. Der Begriff "Sexualpräferenz" wird nur für solche sexuellen Vorlieben (Neigungen) gebraucht, die von der sogenannten Norm abweichen.


**Die Unterscheidung ist:**

pathologisch (krankhaft gestörte Sexualpräferenzen)

NICHT pathologisch (harmlose, gesunde Sexualpräferenzen)

**Sexualpräferenz wird von folgenden Begriffen abgegrenzt:**

- Sexuelle Orientierung
- Sexuelle Identität
- Perversion
- Paraphilie
- Dissexualität
- Sexualdelinquenz

Noch vor vielen Jahren wurden viele BDSM-Praktiken dem Sadismus oder Masochismus zugeordnet und im Sinne einer Triebstörung seitens der Psychiatrie als krankhaft eingeschätzt.

Erst mit dem Erscheinen des DSM-IV (Diagnostischer und statistischer Leitfaden psychischer Störungen) im Jahr 1994 wurden Diagnosekriterien veröffentlicht, nach denen BDSM eindeutig NICHT mehr als Störung der Sexualpräferenz zu deuten sind.

Dänemark entfernte 1995 als erster Mitgliedsstaat der Europäischen Union Sadomasochismus vollkommen aus seinem nationalen Klassifikationssystem für Krankheitsbilder.

# *Travestie*

Ein Travestie legt spätestens in der Garderobe seine Verkleidung ab, ein Transvestit schlüpft auch im Alltagsleben in die Kleider des anderen Geschlechts, wenn auch vielleicht nur aus sexuellen Gründen.

Ebenso ist der Transsexuelle abzugrenzen, welcher sich im zugewiesenen körperlichen Geschlecht fremd fühlt.

Dagegen ist eine Drag-Queen der Travestie wiederum nahe.

Eine Drag-Queen ist ein Mann, der in künstlerischer (humoristischer) Absicht durch Aussehen und Verhalten eine Frau darstellt.

# Fetischismus

Fetischismus bedeutet eine sexuelle Erregung und Befriedigung durch Ersatzobjekte.

Meist entwickeln sich fetischistische Tendenzen bei gehemmten Jugendlichen zu Beginn ihrer sexuellen Aktivitäten.

Und es wird auch angenommen, dass der Fetischismus eine Begleiterscheinung einer komplexeren psychischen Störung sein könnte.

Fetischisten werden auf verschiedene Weisen sexuell stimuliert und befriedigt durch das Tragen der Unterwäsche (auch von anderen Personen), durch Latex oder Leder.

Sie stimulieren sich durch Reiben, Riechen oder durch das Tragen von hochhackigen Schuhen.

Diese Menschen sind unter Umständen ohne ihren Fetisch nicht zu "normaler" sexueller Befriedigung fähig.

Der Fetisch ersetzt oft die gesamte sexuelle Aktivität mit einem Partner.

Das Bedürfnis nach dem Fetisch kann so intensiv und zwingend sein, dass es das Leben der betroffenen Person vollständig einnimmt.

# *Androgynie*

Das Wort Androgynie bedeutet: "männliche und weibliche Merkmale vereinigend".

Androgyne ist ein Individuum, dessen Geschlechtsrolle nicht der eindeutigen Definition von "weder Weiblichkeit noch Männlichkeit" entspricht und wird oft synonym zu "zwitterhaft" verwendet, was aber biologisch nicht korrekt ist.

Diese Menschen fühlen sich als nicht geschlechtlich.

Androgynie ist heute kein Phänomen mehr, das nur den physiologischen und anatomischen Aspekt der Persönlichkeit beschreibt. Androgynie beschreibt die psychosozialen Eigenschaften dieser Menschen.

Die "Männlichkeit" und die "Weiblichkeit" werden in der Persönlichkeitspsychologie als voneinander unabhängige Dimensionen angesehen:

- Psychosozialen Aspekte der Geschlechtlichkeit
- Orientierung in der Geschlechterrolle

Ein Junge sollte stark, durchsetzungsfähig, aggressiv, riskant, führend, unabhängig und ehrgeizig sein.

Dagegen sollte ein Mädchen ruhig, sanft, passiv und schüchtern sein.

Das heißt nun, dass Menschen, die sowohl in Bezug auf "Maskulinität" als auch "Feminität" (männlich und weiblich) ein geschlechtsrollenbezogenes Selbstbild aufweisen, als Androgyne bezeichnet werden.

Menschen mit "Androgynie" können ihre Sensibilität, Emotionalität und Attraktivität besser wahrnehmen. Die Einstellung zum Sex und das intime Verhalten ist oft entspannter als bei "normalen" Menschen. Hinzu kommt oft, dass andere Menschen weniger von ihnen kritisiert werden.

Dagegen haben Menschen mit "Androgynie" Schwierigkeiten, mit den Persönlichkeiten der traditionellen Ansichten umzugehen. Sie sind dadurch oft einsam, da es für sie schwierig ist, einen Partner unter Individuen des anderen Geschlechts zu finden.

Nach Carl Gustav Jung ist die Psyche des Menschen von Natur aus androgyn. Er sah in der androgynen Gestalt die Vereinigung der seelischen Gegensätze und unterschied Bisexualität von der Androgynie.

C. G. Jung war ein Schweizer Psychiater und Begründer der analytischen Psychologie.

# Neutral-Gender (Neutrois)

Es gibt noch eine andere Geschlechtsidentität, die als ein Gegensatz zu "Androgyn" verstanden werden kann. Diese bezeichnet man als "Neutral-Gender" oder auch als "Neutrois".

Androgyn ist die Kombination von weiblicher und männlicher Charakteristika und "Neutrois" hat den Wunsch nach Abwesenheit geschlechtlicher Merkmale, nach einem Körper, der so geschlechtsneutral wie möglich ist.

Das bedeutet: Neutrois ist eine NICHT-binäre und neutrale Geschlechtsidentität.

Neutrois-Menschen können sich mit dem Zweiersystem "männlich und weiblich" nicht identifizieren und sehen sich als geschlechtsneutraler Mensch.

Neutrois ist aber nicht die einzige NICHT-binäre Geschlechtsidentität, es gibt auch Menschen, die sich ausserhalb dieser Bestimmung befinden. Diese nennen sich "Agender (Geschlechtslos)".

# Geschlechtsdysphorie

Transsexualität ist aus medizinischer Sicht (ICD-10) eine Geschlechtsidentitätsstörung, die man auch "Geschlechtsdysphorie" nennt.

Diese Störung liegt vor, wenn sich ein Mensch dauerhaft und vollständig mit dem Gegengeschlecht identifiziert.

Voraussichtlich ab dem Jahr 2022 gilt die Folgeversion der ICD und der ICD-11. Hier wird die Transsexualität nicht mehr als Störung bezeichnet.

Die Transsexualität wird dann dem Überbegriff "sexueller Gesundheitszustand" zugeordnet (sexual health condition) und als "Geschlechtsinkongruenz" bezeichnet.

Geschlechtsdysphorie weißt eine erhebliche Diskrepanz zwischen dem anatomischen Geschlecht und dem inneren Selbstverständnis eines Menschen auf.

Dieses Gefühl "im falschen Körper zu stecken" verursacht bei der betroffenen Person erhebliches Leid. Transsexualität ist die extremste Form der Geschlechtsdysphorie.

# *Transsexualität*

Transsexualität ist für Betroffene immer sehr belastend, das angeborene passt nicht zum eigenen Empfinden.

Transsexuelle-Menschen identifizieren sich nicht mit ihrem bei der Geburt zugeordneten Geschlecht. Sie möchten mit dem entgegengesetzten Geschlecht leben.

Die WHO beschreibt die Transsexualität wie folgt: "der Wunsch, als Angehöriger eines anderen Geschlechtes zu leben und anerkannt zu werden".

**In medizinischer sowie in psychologischer Fachliteratur bezeichnet man Transsexuelle folgender maßen:**

Menschen, die mit weiblichem Geschlecht geboren wurden, sich aber männlich fühlen, werden als "Frau zu Mann" bezeichnet (FzM).

Menschen, die mit männlichem Geschlecht geboren wurden, sich aber weiblich fühlen, werden als "Mann zu Frau" bezeichnet (MzF).

Viele Transsexuelle lehnen aber diese Wortschöpfungen ab.

Transsexuelle nehmen ihren Körper als unveränderbar wahr und möchten ihn ihrem inneren Identitätsgeschlecht durch eine OP angleichen.

## Es gibt noch eine andere Bezeichnung für Transsexuelle:

Transmann oder Transfrau.

Von manchen Betroffenen werden diese Begriffe auch abgelehnt.

## Transsexuelle möchten sich nicht als "medizinische oder juristische Geschlechtsanpassung" verstehen, sondern als:

- Mann mit Vergangenheit als Frau oder
- Frau mit Vergangenheit als Mann

Transsexuelle Menschen sind sich sicher, dass sie im falschen Körper geboren wurden. Darunter leiden die Identität und die Persönlichkeit. Ihr Wunsch, das andere Geschlecht anzunehmen wird immer größer.

Viele von ihnen aber bilden sich nur ein, dass sie transsexuell sind, vielmehr gehören sie einer anderen Trans-Gruppe an. Eine Geschlechtsangleichung löst nicht immer alle Probleme.

Der Begriff "Transsexualität" trifft keinerlei Aussage über die "sexuelle Orientierung", im Gegensatz zu den Begriffen "Heterosexualität oder Homosexualität".

Nach der "Deutschen Gesellschaft für Transidentität und Intersexualität" leben in Deutschland zwischen 20.000 und 80.000 Menschen, die transsexuell sind.

Es gibt keine genauen Zahlen da Transsexuelle ja nur dann sichtbar werden, wenn sie sich outen.

https://www.dgti.org/


Die Ursachen einer Transsexualität sind immer noch unklar, aber in einem Punkt sind sich die Forscher einig geworden: Die Symptome zeigen sich bereits in der Kindheit, zwischen 8 und 10 Jahren und sie verstärken sich in der Pubertät (wenn die Sexualität entsteht).

Die Forschung argumentiert auch, dass Umgebungsfaktoren, wie beispielsweise die Erziehung, eine Ursache für Transsexualität sein könnten, während einige Studien von körperlichen Ursachen wie "Unterschiede in der Gehirnstruktur" oder "im Hormonmilieu" ausgehen. Bis heute konnte noch keine abschließende Antwort gefunden werden.

Es gibt im Netz viele falsche Infos, man sollte sich genauer diese Quellen ansehen. So wird oft behauptet, dass sich Transsexuelle-Menschen als Kinder schon ab dem 2. Lebensjahr "im falschen Körper" gefühlt hätten.

Erst gegen Ende des zweiten Lebensjahres erkennt sich ein Kind erstmals im Spiegel. Das heißt, es hat bis dahin eher einen Spielpartner in seinem Spiegelbild vermutet als sich selbst. Bevor das Kind bewusst von sich selbst redet und "ICH" sagen kann, werden noch viele Monate vergehen.

Woher soll nun ein Kleinkind wissen, dass es lieber ein Mädchen oder Junge (ein anderes Geschlecht) sein möchte?

Sich selbst im Spiegel zu erkennen reicht aber für das ICH-Bewusstsein nicht aus.

In den ersten Jahren des Kindes entwickelt sich das ICH-Bewusstsein von selbst, die Eltern können auf dieses Tempo wenig Einfluss nehmen. Aber sie können ihrem Kind ein positives Selbstbild vermitteln. Dies trägt dazu bei, dass sich das Kind zu einem selbstbewussten Jugendlichen und später auch selbstbewussten Erwachsenen entwickelt.

Die Kinder benötigen eine respektvolle und fürsorgliche Erziehung, die von Akzeptanz geprägt ist.

# Transsexualität bei Kindern und Jugendlichen

Mit einer großen fehlerhaften Sichtweise hat die Transgender-Bewegung in der Medizin und in unserer Kultur Fuß gefasst. Sie steht im Widerspruch zu unserer Forschung und den Fakten der Wissenschaft.

Es gibt zwar gewisse Hirnstudien, in denen behauptet wird, dass Transgender-Menschen mit einem Transgender-Gehirn zur Welt kommen, doch diese Studien weisen erhebliche Mängel auf. Es gibt keine klaren Beweise.

Alles in einem Menschen wird von seiner DNS beeinflusst. Nur sehr wenige Eigenschaften sind von Geburt aus fest verbunden. Jedes menschliche Verhalten ist mehr oder weniger eine Mischung von Veranlagung und Erziehung.

Fast jedes Kleinkind oder Jugendlicher spielt mit der Geschlechteridentität, wenn es ihm bewusst wird, dass es zwei verschiedene Menschen gibt. Dies ist auch normal, selbst wenn es sich um lange Phasen handelt.

Die meisten präpubertären Kinder, die Probleme mit ihrem biologischen Geschlecht hatten, haben diese mit zunehmendem Alter überwunden.

Die Unsicherheit bei Transgender-Kindern ist oft eine vorübergehende Phase. Der Körper stellt sich in der Pubertät um und die Hormone gehen rauf und runter.

Es wäre außerdem sehr riskant mit einer Hormontherapie zu experimentieren. Die Kinder/Jugendliche würden dann Entscheidungen treffen, die sie später bereuen könnten. Die Neurowissenschaft zeigt, dass jungen Menschen die Fähigkeit eines Erwachsenen zur Risikoabschätzung fehlt.

Eltern wollen, dass ihr Kind glücklich ist…

Eltern sind aber oft auch komplett überfordert und sollten sich Hilfe in der Form eines Psychiaters nehmen. Es ist wirklich ein sehr ernstes und auch ethisches Problem, irreversible und lebensverändernde Eingriffe an Minderjährigen zuzulassen. Die Kinder/Jugendliche sind für eigenständige Zustimmungen einfach noch zu jung.

Es gibt Befürworter, die behaupten, dass diese Kinder unbedingt ihren Weg (Geschlechtswechsel) gehen müssen, sonst würden Depressionen, ein selbstverletzendes Verhalten entstehen oder sie begingen Suizid.

Die Befürworter meinten damit, wer das wechselaffirmative Protokoll nicht unterstützt, treibt genderdysphorische Kinder zum Selbstmord.

Zirka 90% der Menschen, die Selbstmord begehen, haben eine psychische Störung als Diagnose. Es gibt keine Indizien, dass "genderdysphorische Kinder/Jungendliche", die Suizid begehen, sich davon unterscheiden.

Kinder, die annehmen, im falschen Körper geboren zu sein, brauchen eine Therapie, um ihrer Depression auf den Grund zu gehen.

Eine solche Depression könnte auch von der Genderdysphorie ausgelöst werden.

Und Erwachsene, die sich einer Geschlechtsumwandlung unterzogen haben, besitzen eine zirka 20 Mal höhere Selbstmordrate als die Allgemeinheit.

Auf jeden Fall sollten sich Eltern unbedingt Hilfe suchen, wenn sie den Verdacht haben, dass vielleicht eine Geschlechtsdysphorie hinter den Problemen ihres Kindes steckt.

Wenn das Kind/Jugendlicher mit seinen Gefühlen nicht mehr klar kommt, braucht es einen Raum, um darüber zu sprechen. Hier gibt es verschiedene Psychotherapien. Diese ermöglichen jungen Menschen ihre Unsicherheit zu reflektieren und zum Ausdruck zu bringen.

Sprechen Sie mit Ihrem Hausarzt darüber oder auch mit Ihrer Krankenkasse.

In den meisten Fällen geht dieser Transitions-
wunsch wieder weg, aber vorher leiden die Kinder
trotzdem. Die Psychiater/Psychologen werden dem
akut auf den Grund gehen. Sie werden dann ohne
Druck und in Ruhe abwarten können, wie sich die
Gefühle nach Einsetzen der Pubertät entwickeln.

Es wäre sehr wichtig zu ergründen, warum diese
Kinder in einen anderen Körper schlüpfen möchten,
ebenso auch bei Erwachsenen.

Zum Beispiel ist die Pubertät eine der schwierigs-
ten Entwicklungsphasen auf dem Weg zum Erwach-
senwerden (von zirka 11 und 17 Jahren). Dies ist ein
Prozess der emotionalen, körperlichen (vom Mädchen zur Frau und vom Jungen zum Mann) und sozialen Verselbständigung.

Das veränderte Verhalten der Kinder ist vielen Eltern unverständlich und sie fragen sich, ob ihr Kind
noch "normal" ist. Nicht nur die Eltern sind verwirrt,
auch ihre Kinder. Diese Fragen sich in dieser Zeit:
"Wer bin ich überhaupt".

Die eigene Identität in dieser Zeit zu entwickeln
und ein positives Bild von sich selbst zu erlangen, ist
eine große Herausforderung.

In der Pubertät spielen die Hormone verrückt und die Kinder verändern sich.

Schon bevor sich das Kind äußerlich verändert (Pickel, Brustansatz oder Wachstum der Hoden), arbeiten die Hormone bereits schon vorher auf Hochtouren, um die Entwicklung voranzutreiben.

Im Körper bilden sich überwiegend weibliche bzw. männliche Sexualhormone aber auch immer eine kleine Menge des Gegenstücks. Dadurch kann in der Pubertät die Umstellung der Hormone "Östrogene und Androgene" aus dem Gleichgewicht kommen.

Ein erhöhter Östrogenspiegel kann bei einem Jungen zum Anschwellen der Brust führen, bei Mädchen kann ein erhöhter Testosteronspiegel mehr Gesichtsbehaarung zur Folge haben.

Normalerweise stabilisiert sich der Hormonhaushalt nach einiger Zeit wieder und die Nebenwirkungen verschwinden wie von selbst.

Pubertierende Kinder befinden sich in einem sogenannten "Zwischenland", ein Land zwischen Kindheit und Erwachsensein.

Man sagt auch oft, dass die Pubertät eine Zeit ist, in der die Eltern schwierig werden ☺.

Die körperlichen Veränderungen sind einschneidend, genauso aber auch die psychischen Faktoren.

Dies ist kein Wunder, denn eine Identitätsfindung ist, für sich betrachtet, ein schwieriger Prozess. Hinzu kommt, dass diese Identitätsfindung auch noch von einem Hormonchaos begleitet wird.

In der Pubertät bauen die Hormone nicht nur den Körper und die Psyche um, sie machen auch anfällig für Krankheiten

An dieser Stelle sollte man sich die Frage stellen: Wie können sich Ärzte, Eltern und Betroffene sicher sein, dass dieses Empfinden nach der Pubertät und auch im Erwachsenenalter bestehen bleibt?

Auch sollte man sich fragen: Wie können Ärzte und manche Psychologen in der Zeit der Pubertät, wo die Hormone verrücktspielen, eine zusätzliche Hormontherapie verantworten?

Hier entscheiden Ärzte und Psychologen über einen heranwachsenden Menschen, als was er für den Rest seines Lebens leben muss. Auch Eltern, die verantwortlich sind für ihre Kinder, treffen Entscheidungen über das Leben ihrer Kinder. Und der Betroffene, der durch die Hormonschwankungen im Gehirn sowieso verwirrt ist, weiß gar nicht, auf was er sich da einlässt.

Es wäre zuerst mal sehr wichtig, das Selbstbewusstsein bei diesen Kindern zu stärken.

## Aber was ist das Selbstbewusstsein?

Ein gesundes Selbstbewusstsein setzt ein hohes Maß an Selbstwertgefühl voraus, was in der Pubertät schwierig ist. Wenn das Selbstwertgefühl fehlt, sollten sich Eltern Hilfe bei Psychiatern/Psychologen holen.

### Es gibt viele Wörter für Selbstbewusstsein:

- Selbstachtung

- Selbstsicherheit

- Selbstvertrauen

- Selbstwertgefühl

- Selbstakzeptanz

- Selbstbehauptung

- Selbstbejahung

- Selbstwertschätzung


Das Minderwertigkeitsgefühl ist der Gegenpol zu dem gesunden Selbstwertgefühl.

Es kommt niemand mit einem fehlenden Selbstvertrauen auf die Welt. Menschen, die als Kind kein Selbstwertgefühl entwickeln konnten, haben Erfahrungen gemacht, dass mit ihnen etwas nicht stimmt und dass sie dadurch minderwertig sind.

Jeder von uns hat ein Bild von sich und seiner Persönlichkeit verinnerlicht. Dieses Bild wird vor allem in den ersten sieben Jahren geformt. Alle Fehler, Verletzungen, Niederlagen und Erfolge formen das Selbstbild.

Menschen mit wenig Selbstbewusstsein wurden in den ersten Lebensjahren von Eltern, Erzieher, Lehrer, Gleichaltrige, bewusst oder auch unbewusst ständig auf Fehler und Schwächen aufmerksam gemacht. Hat man diesen Menschen oft gesagt, dass sie nichts taugen oder manche Arbeiten doch nicht schaffen, weil sie zwei linke Hände haben, so können diese Erwachsenen sich dann nicht so akzeptieren, wie sie sind. Sie stellen zu hohe Ansprüche an sich selbst, die sie nicht erfüllen können.

Schon im Jahre 1890 hat der amerikanische Psychologe und Philosoph William James erkannt, dass derjenige ein starkes Selbst besitzt, bei dem die Kluft zwischen dem Selbstbild „So bin ich" und dem Idealbild „So möchte ich gerne sein" gering ist.

Der Psychologe erklärt, dass es Entscheidend für das Selbstwertgefühl ist, in welchem Verhältnis Erfolge und Ansprüche einer Person zueinander stehen.

Ein Mensch, der wenig von sich erwartet, wird sich über geringe Erfolge nicht den Kopf zerbrechen. Umgekehrt können noch so beachtliche Leistungen einen Menschen mit extrem hohen Erwartungen schlaflose Nächte bereiten.

Wenn wir uns als Versager sehen, dann werden wir immer Wege und Möglichkeiten finden, zu versagen. Unser Selbstbild entscheidet darüber, was wir in der Zukunft erreichen und leisten werden.

Wenn wir unser Selbstvertrauen steigern möchten, müssen wir lernen, uns selbst aufzubauen und uns den Rücken zu stärken.

Ein positives Selbstbild, der Glaube an uns, ist Voraussetzung, um stärker, fähiger und erfolgreicher zu werden.

Wenn wir ein gutes Selbstwertgefühl besitzen, dann bedeutet das: wir glauben, dass wir liebenswert und wertvoll sind, trotz der Schwächen und Fehler, die wir haben. Wir haben immer wieder Erfolge in unserem Leben zu feiern. Meist sind es zwar nur kleine Errungenschaften, aber hier und da auch Größere. Wir sollten sie uns immer wieder vor Augen halten.

Ein gutes Selbstbewusstsein ist in vielen Situationen von Vorteil. Nur wer sich auch mit seinen Schwächen und Fehlern akzeptiert, kann ein hohes Maß an Selbstbewusstsein erreichen.

# Transsexualität und Borderline-Syndrom

Einige Psychiater, Psychologen und Sexologen vertreten die These, dass die Transsexualität eine Unterform des Borderline-Syndroms sei.

Persönlichkeitsstörungen, insbesondere die Borderline-Störung, sind häufig bei Patienten mit GIS zu finden.

Die Buchstaben"GIS" bedeuten: Geschlechtsidentitätsstörung.

GIS-Störungen können sich mit unterschiedlicher Ausprägung bereits ab dem frühen Kleinkindalter manifestieren. Diese Störungen gehen häufig mit emotionalen und Verhaltungsproblemen sowie einer hohen psychiatrischen Komorbidität einher. Sie zeigen eine große Variabilität im Verlauf.

Bei der Borderline-Störung (BPS) handelt es sich um eine Persönlichkeitsstörung (psychische Erkrankung).

Die Krankheit wird durch Impulsivität, instabile zwischenmenschliche Beziehungen, schnelle Stimmungswechsel und ein schwankendes Selbstbild (wegen gestörter Selbstwahrnehmung) charakterisiert.

Es handelt sich um ein schwerwiegendes psychiatrisches Krankheitsbild.

Für Menschen mit dieser Erkrankung ist das Leben wie eine unkontrollierbare Achterbahnfahrt.

Angehörige, Arbeitskollegen und Freunde können nur schwer nachempfinden, was Menschen mit Borderline-Persönlichkeitsstörung durchmachen.

Wegen des selbstgefährdenden Verhaltens gilt die Persönlichkeitsstörung als erstzunehmende und schwerwiegende Erkrankung.

Die Diagnoseschlüssel (nach ICD) für Borderline lauten: F 60.3 Emotional-instabile Persönlichkeitsstörung und F 60.30 Impulsiver-Typus.

Es gibt inzwischen Bücher, Filme und immer häufiger auch Berichte über die Krankheit, so dass das Borderline-Syndrom gesellschaftlich so akzeptiert ist, dass man zumindest darüber reden kann.

Der Begriff „Borderline-Syndrom" (BPS) wurde 1884 zum ersten Mal von Adolph Stern verwendet. Er benutzte den Begriff zur Beschreibung von Patienten, bei denen er mit den damaligen psychoanalytischen Methoden keinen Behandlungserfolg hatte.

Das Borderline-Syndrom (auch Grenzlinie genannt) ist eine Erkrankung der Psyche (Persönlichkeitsstörung), meist ausgelöst durch Verlustangst, „dem Fehlen von Grundwerten" im Leben. Es fehlt der Halt in der Familie und die Betroffenen kommen sich abgeschoben und wertlos vor.

Borderline-Patienten weisen eine weit gefächerte Symptomatik auf und zeigen auf vielen Ebenen ein instabiles Verhaltensmuster.

Durch ihr impulsives Verhalten neigen Borderline-Patienten dazu, sich selbst zu schaden. Betroffene tendieren zum Missbrauch von Drogen und Alkohol. Sie haben Fressanfälle, gehen riskante sexuelle Kontakte ein, ritzen sich, bzw. fügen sich selbst Schmerzen zu, um aus einer angespannten und für sie unerträglichen Situation zu entfliehen. Sie bewirken mit ihrem Tun, dass sie in ein anderes Gefühl gehen, die sie als eine Art von Entspannung erleben.

Die Borderline-Krankheit beginnt oft im frühen Erwachsenenalter, kann aber auch später erst auftreten z. B. in einer unglücklichen Ehe.

Der Kriterienkatalog DSM-IV der American Psychiatric Association umfasst neun Kriterien, von denen fünf erfüllt sein müssen, damit die Diagnose gestellt werden kann.

Ein Gespräch mit einem Psychologen kann und darf solch ein Test auf keinen Fall ersetzen!

Wenn man sich auf eine Beziehung (Partnerschaft) mit einem Borderliner einlässt, kann das für den gesunden Partner vielfältige Probleme mit sich bringen.

Hauptproblemauslöser sind die extremen Stimmungsschwankungen und ein selbstverletzendes Verhalten im physischen aber vor allem oftmals auch im psychischen Bereich, sowie das Schwarz-Weiß-Denken und das Problem „Nähe und Distanz" zu regulieren.

Der Borderliner tut das nicht mit böser Absicht. Er will auch seinen Partner nicht kränken - tut es aber doch immer wieder.

Man kann auch für den kranken Partner nichts tun.

Auch Paartherapien bringen nichts.

Entweder hat man die Stärke um die Stimmungsschwankungen und die Wellen von Aggressivität zu ertragen, oder man muss die Beziehung beenden.

Diese Menschen leben in einer Welt der Extreme. Sie sind sprunghaft, teilweise spontan und reagieren auf vieles sehr emotional. Bei positiven Dingen sind sie sehr begeistert, bei Ereignissen und Menschen die sie nicht mögen, reagieren sie mit Ablehnung und Aggressivität.

**Ihre Gefühle wechseln in Minuten zwischen:**

- Liebe und Hass
- Euphorie und Depression
- Selbstzweifel und Selbstüberschätzung

Sie leben ohne feste Wurzeln so wie ein Kind, das verzweifelt nach seiner Mutter sucht.

Nach langen wissenschaftlichen Studien sind sich die Wissenschaftler immer noch nicht einig, ob die exakte Einordnung (Definition und Klassifizierung der Störung) richtig ist. Man glaubte lange, dass das Borderline-Syndrom auf der Grenzlinie (englisch: borderline) zwischen Neurose und Psychose anzusiedeln sei. Heute zählt das Leiden zu den Persönlichkeitsstörungen (emotional instabile Persönlichkeitsstörung).

Die Eltern oder der Partner sind verunsichert, wenn der Borderliner sich selbst verletzt oder Wutausbrüche bekommt. Es entsteht auch oft eine Co-Abhängigkeit.

Das heißt: die eigenen Bedürfnisse werden vernachlässigt, man will den Erkrankten glücklich machen, will für ihn nur das Beste und lässt sich komplett vom Borderliner in seinen Bann ziehen.

Egal was man tut, ob man dem Betroffenen Vorwürfe macht oder Rücksicht übt, die Konflikte werden dadurch nicht gelöst und der Borderliner ändert auch sein Verhalten dadurch nicht.

Damit sich für den Borderliner in der Familie etwas zum Positiven ändert, ist es sinnvoll, feste Familienregeln aufzustellen, an die sich jeder zu halten hat - auch der Kranke.

Nicht zuletzt auf Grund der hohen Selbstmordrate sollten sich die Betroffenen unbedingt in eine psychiatrische Behandlung begeben.

Borderline-Patienten neigen auch dazu, sich selbst verletzen zu wollen.

Manchmal gibt es Probleme im Leben, die man nicht mehr selbst lösen kann und dann sollte man psychologische Hilfe holen – genauso wie man Hilfe sucht bei Grippe oder Zahnschmerzen.

# Transgender und Depressionen

Transgender verspüren oft eine Zerrissenheit und sie haben ein erhöhtes Selbstmordrisiko oder Traurigkeit. Sie laufen oft Gefahr, depressiv zu werden.

Einige Psychiater und Psychologen sind der Meinung, dass bei nahezu allen transgeschlechtlichen Menschen schon in der Pubertät eine depressive Phase stattfindet. Sie gehen davon aus, dass jeder zweite Selbstmord bei jungen Menschen auf sexuelle oder geschlechtliche Hintergründe zurückzuführen ist.

Aber eine Depression kann jeden treffen, unabhängig von Alter, Geschlecht und sozialem Status. Frauen sind etwa doppelt so häufig wie Männer betroffen.

Wir ALLE kennen Phasen unseres Lebens, in denen wir traurig, unglücklich oder einsam sind. Dauert eine traurige Phase aber über Wochen an, könnte bereits eine Depression vorliegen.

Depressionen sind keinesfalls ein Zeichen persönlichen Versagens oder Schwäche, sondern eine episodische Erkrankung und können viele Ursachen haben.

Bei einer Depression liegen Störungen in Bezug auf Botenstoffe im Gehirn vor und niemand, der unter Depressionen leidet, braucht sich schuldig zu fühlen.

Die Gefahr von Suizidversuchen ist groß. Fast alle Patienten mit schweren Depressionen haben Selbsttötungs-Gedanken.

In Deutschland gibt es zirka 5 Millionen Menschen, die an Depressionen erkrankt sind. Für das Jahr 2020 schätzen Experten eine tendenzielle Steigerung. Somit liegt die DEPRESSION an 4. Stelle der wichtigsten Erkrankungen. Im Lebensalter zwischen 25 und 45 Jahren werden Depressionen gehäuft diagnostiziert.

Eine Depression (deprimere - Niederdrücken) ist eine psychische Erkrankung des Gefühls- und Gemütslebens.

Fast jeder Fünfte erkrankt mindestens einmal im Leben an einer Depression.

Weil viele Betroffene die Anzeichen einer Depression nicht richtig deuten oder sich scheuen, zum Arzt zu gehen, liegt die Dunkelziffer vermutlich um ein Vielfaches höher.

**Die Zeichen einer Depression können sein:**

- negative Gedanken

- negative Stimmung

- keine Freude mehr empfinden

- keinen Antrieb spüren

- kein Selbstwertempfinden

- fehlende Leistungsfähigkeit

- kein Einfühlungsvermögen

- Zukunftsangst

- vielfältige körperliche Symptome wie: Schlaflosigkeit, Appetitstörungen, Schmerzzustände

In der Psychiatrie wird die DEPRESSION den affektiven Störungen zugeordnet. Eine Diagnose wird immer nach Symptomen und Verlauf gestellt.

Nach der fachärztlichen Leitlinie der „Deutschen Gesellschaft für Psychiatrie und Psychotherapie, Psychosomatik und Nervenheilkunde „DGPPN" (Nationale Versorgungs-Leitlinie Unipolare Depression)" vom Jahr 2011 wird empfohlen, zum Zwecke der Diagnose (nach ICD-10) zwischen drei Haupt- und sieben Zusatzsymptomen zu unterscheiden.

Für eine Diagnosestellung müssen Hauptsymptome und weitere depressive Symptome mindestens zwei Wochen lang fortwährend vorhanden sein.

Aufgrund ihres vielfältigen Erscheinungsbildes, wird die Depression vom Hausarzt oft nicht erkannt. Es gehört neben medizinischem Fachwissen auch viel psychiatrische Erfahrung dazu, um eine Depression schnell und sicher zu diagnostizieren.

Ist eine richtige Diagnose erst mal gestellt, ist die Lage alles andere als aussichtslos. Hinsichtlich der Therapie hat sich in den letzten Jahrzehnten viel getan. Mehr als 80% der Erkrankten kann geholfen werden.

Patienten beschreiben ihre depressiven Gefühle unterschiedlich. So wird von Hoffnungslosigkeit, Niedergeschlagenheit und von Verzweiflung berichtet, andere schildern mehr eine Gefühllosigkeit, bei der sie weder Trauer noch Freude empfinden können.

Auffällig ist auch, dass depressive Patienten sich langsam bewegen sowie auch langsam sprechen.

Eine Depression wird oft von einer anderen Erkrankung überdeckt und nicht erkannt. Sie kann sich auch vorwiegend durch körperliche Symptome (Schmerzen) bemerkbar machen.

**Bei schweren depressiven Störungen können auch psychotische Symptome auftreten wie:**

- Halluzinationen

- Wahnideen

- Stupor (körperliche Starrheit)

Eine „nicht behandelte" depressive Phase (Episode) dauert zirka sieben Monate.

Die behandelte Depression kann bei den meisten Menschen vollständig geheilt werden – bei manchen Patienten bleibt jedoch ein kleiner Rest der depressiven Symptome bestehen.

Die Depression kann sich auch chronisch entwickeln. Das heißt, dass sich die depressiven Phasen regelmäßig wiederholen – es entsteht eine Dysthymie. Hier sind die Symptome nicht so ausgeprägt wie bei einer klassischen Depression.

Bei über der Hälfte der Patienten kommt es nach einer ersten Erkrankung zu einer weiteren depressiven Episode.

Eine Behandlung richtet sich danach, ob eine Depression erstmals oder wiederholt auftritt und wie schwer der Patient erkrankt ist.

Sie sollte sich an den Empfehlungen orientieren, die in der „Nationalen Versorgungsleitlinie (Unipolare Depression)" stehen.

Nicht jede Depression muss sofort psychotherapeutisch oder mit Medikamenten behandelt werden.

Eine effektive Behandlung senkt die Rückfallrate erheblich.

**Hinsichtlich ihrer Wirksamkeit belegte Psychotherapieverfahren bei Depressionen sind:**

- Gesprächspsychotherapie

- Verhaltenstherapie

- psychodynamische Psychotherapie

- interpersonelle Psychotherapie

- systemische Therapie

- medikamentöse Therapie (verschiedene Antidepressiva)

Eine depressive Störung ist NICHT dasselbe wie eine vorübergehende Niedergeschlagenheit!

Eine Depression kann auch durch eine körperliche Erkrankung oder durch Medikamente hervorgerufen werden.

Denkbar ist auch, dass diese Erkrankung in einem engen Zusammenhang mit einem Ereignis im Leben des Betroffenen stehen kann, wie z. B. einem Trauerfall, Arbeitsverlustes, Trennung oder finanzieller Verschuldung.

Ein weiterer zusätzlicher Faktor könnte eine manisch-depressive Erkrankung sein (bipolare Störung). Hier treten neben ausgeprägten Tiefs auch ausgeprägte Hochs auf. In diesen Hochphasen ist der Erkrankte oft überaktiv und ausgesprochen redselig. In dieser Zeit wird häufig das Denken, das Sozialverhalten und die Urteilsfähigkeit beeinflusst.

Wenn die Anzeichen einer Depression bemerkt werden, sollte man schnellst möglich zum Arzt gehen. Oft ist es für Betroffene, aber auch Angehörige wichtig, die Lebensumstände entsprechend zu ändern (Arbeitssituation / Privatleben).

Der erste Ansprechpartner sollte der Hausarzt sein, dieser überweist sie an einen Psychologen. Vielleicht gehören zur ersten Behandlung auch Medikamente (Antidepressiva) und eine Psychotherapie.

**Ergänzend dazu:**

- Entspannungsmethoden

- Selbstreflexion

- EMDR (Eye Movement Desensitization and Reprocessing)

Die Therapien können je nach Schwere der Depression ambulant oder stationär erfolgen – meist dauern sie mehrere Wochen.

Diese Krankheit ist eine ernst zu nehmende Erkrankung, die nicht nur für den Betroffenen eine enorme Belastung ist, sondern auch sein soziales Umfeld vor eine Situation stellt, die viel Geduld und Sensibilität erfordert.

In Studien über Depressionen zeigt sich, dass fast jeder Patient während einer depressiven Episode über kognitive Dysfunktionen klagt. Nach Ende einer akuten Depression bleiben diese Einschränkungen bestehen.

Diese Begleiterscheinungen einer Depression belasten den Betroffenen sowie auch sein Umfeld sehr. Hier ist es wichtig, dass man sich mit seinem Arzt bespricht. Dieser kann dann die Symptome in die Therapie mit einbeziehen.

Eine Depression wird durch mehrere Faktoren ausgelöst und aufrechterhalten. Es spielen dabei biologische, psychische und psychosoziale Aspekte eine wichtige Rolle.

Zum Beispiel kann durch belastende Lebensereignisse eher eine Depression ausgelöst werden, wenn bereits genetisch bedingt eine erhöhte Empfindlichkeit (Vulnerabilität) für die Erkrankung besteht.

Das Zusammenspiel der verschiedenen Ursachen hat wiederum Auswirkungen auf die Therapie. Untersuchungen mit Familien und Zwillingsstudien belegen, dass genetische Faktoren bei der Depression von Bedeutung sind.

So können Kinder, deren Mutter oder Vater depressiv sind, mit einer Wahrscheinlichkeit von 10 bis 15 Prozent selbst an einer Depression erkranken.

Eine erbliche Veranlagung bedeutet aber nicht, dass eine Person zwangsläufig an einer Depression erkrankt. Oft wirken Gene und Umweltbedingungen oder Lebenssituation zusammen. Zum Beispiel ist auch die Aktivität der Botenstoffe im Gehirn (Neurotransmitter) durch genetische Faktoren beeinflusst. Diese übermitteln an den Synapsen (den Verbindungsstellen zwischen zwei Nervenfasern im Gehirn) Informationen und haben somit Einfluss auf unsere Gedanken (Erleben, Gefühle).

Depressive Menschen haben durch verschiedene Faktoren eine geringere Toleranz gegenüber seelischen, körperlichen und biografischen Belastungsfaktoren als gesunde Menschen.

Diese Verletzlichkeit (Vulnerabilität) spielt bei dem Ausbruch und der Aufrechterhaltung ihrer Depression eine große Rolle.

Jeder Mensch hat seine Erwartungen und Wünsche und wenn diese Wünsche nicht erfüllt werden, entsteht oft eine innerliche Wut. Es wird dann gegen diese Wut angekämpft, oft ist man enttäuscht und fällt vielleicht auch in ein tiefes Loch – es entsteht eine Krise. Wie der einzelne reagiert, hängt von seiner Lebenseinstellung und seiner Lebenserfahrung ab.

Depressionen werden von negativen Lebenseinstellungen geprägt. Man bewertet sein Leben als ausweglos und fühlt sich als Versager.

Zum Beispiel denkt der Kranke, wenn er seine Arbeit verliert, nie mehr eine Anstellung zu finden. Genauso ist es, wenn er seinen Partner verliert. Er denkt, nicht liebenswert zu sein und zieht sich zurück.

Auch eine schlechte Kindheit kann als Grundstein einer depressiven Erkrankung angesehen werden. Die Störungen können sich bis ins Erwachsenenalter hinziehen und sich zu einer Depression auswachsen.

Forschungsarbeiten haben gezeigt, dass während einer Depression die Systeme für Botenstoffe im Gehirn aus dem Gleichgewicht kommen. Dies betrifft insbesondere die Transmitter-Systeme für die Botenstoffe „Serotonin und Noradrenalin".

Entweder liegen die Neurotransmitter in zu geringer Konzentration vor, oder die Empfindlichkeiten der Rezeptoren (diese wirken an den Botenstoffen) ist dauerhaft verändert. An dieser Stelle setzt dann auch eine Behandlung mit antidepressiven Medikamenten an. Diese Medikamente sollen den Serotonin- und Noradrenalin-Stoffwechsel wieder normalisieren.

Es wurde auch mithilfe bildgebender Verfahren bei depressiven Menschen während einer Episode festgestellt, dass es eine veränderte Aktivität des so genannten limbischen Systems im Gehirn gibt.

Das limbische System, auch als stressregulierendes System bezeichnet, ist für das Empfinden und Verarbeiten von Gefühlen mitverantwortlich.

Die veränderte Aktivität bei der Verarbeitung von Gefühlen erklärt die erhöhte psychische Verletzlichkeit depressiver Menschen und warum Schicksalsschläge einer Erkrankung vorausgehen.

Auch das Stresshormon wird mit der Entstehung einer Depression in Zusammenhang gebracht.

Die Stresshormone werden in Schreck- und Gefahrensituation ausgeschüttet. Sie erhöhen kurzfristig die Anspannung und die Aufmerksamkeit. Auf diese Weise wird der Körper darauf vorbereitet, schnell und effektiv zu reagieren.

Depressive Menschen haben ein gestörtes Kontrollsystem. So ließen sich bei depressiven Patienten erhöhte Werte des Stresshormons Cortisol im Blut und im Urin nachweisen.

Auch ein veränderter Hormonhaushalt kann eine Depression auslösen.

# EX-Transgender

"Das biologische Geschlecht ist unveränderlich", sagt ein EX-Transgender (Jamie Shupe).

"Jamie Shupe ist sich sicher, dass er eigentlich eine Frau ist. 2013 beginnt er eine Hormontherapie. Drei Jahre später lässt er sich als "geschlechtslose" eintragen. Heute möchte er wieder leben "als der Mann, der ich bin". In einem Artikel für "The Daily Signal" deckt Lügen und Probleme hinter der LGBTI-Bewegung auf.

Copyright 2019: Zitat aus dem Artikel:

Datum: 23.03.2019 - Autor: Rebekka Schmidt

Quelle: Livenet / dailysignal.com

www.jesus.ch/themen/people/erlebt/343677-das_biologische_geschlecht_ist_unveraenderlich.html

Jamie Shupe schreibt in diesem Artikel, dass er heute weiß, was seine wirklichen Beweggründe waren, dass er neben dem Traumata aus seiner Militärzeit auch Narben aus seiner Kindheit mit sich herum trägt.

Immer häufiger entscheiden sich Transgender für eine Operation zu ihrem biologischen Geschlecht.

Ein Beitrag von RT erzählt das Schicksal von drei ganz unterschiedlichen Männern, die von Hormonen und Operationen abraten:

Miroslav Djordjevic ist ein führender Spezialist auf dem Gebiet von Transgender-Operationen in Belgrad. Immer häufiger operiert dieser Arzt jetzt Menschen, die ihre Geschlechtsumwandlung operativ wieder rückgängig machen wollen.

Quelle:

https://www.epochtimes.de/society/ex-transgender-bereuen-ich-will-mein-geschlecht-zurueck-a2638633.html

https://ameriaa.com/faculty/details/58/dr-miroslav-djordjevic

https://www.youtube.com/watch?v=LV1OPKn wLzY

# Transgender Liebesroman

Jutta Schütz

Wunder brauchen Zeit

GEFÜHL HUMOR EROTIK

## Leseprobe aus dem Buch:

Rot lackierte Fingernägel, die Wimpern lang und seidenschwarz getuscht, Make-up und rubinrote, glänzende Lippen. Dazu einen engen und nur bis zum Po reichenden Minirock, Nylonstrümpfe und hohe Pumps.

Uwe fand das an Frauen toll.

Aber am meisten an sich selbst. Die Frau in ihm wollte endlich zu leben anfangen!

## Eine weitere Leseprobe:

Als er mir die Tür öffnete, erschlug mich sein Anblick beinahe. Er hatte hohe Pumps, an und unter dem Minirock schauten glänzende Nylonstrümpfe hervor. Der Büstenhalter war mit viel Watte ausgefüllt. Darüber trug er eine glänzende weiße Bluse aus Chiffon. Mit der dicken Puderschicht im Gesicht und der Perücke wirkte das Gesicht wie eine Maske. Der grelle pinkfarbene Lippenstift knallte richtig hervor. Seine Fingernägel waren exakt mit roter Farbe lackiert, und an jedem Finger steckte ein großer Ring. Die riesigen Ohrringe schaukelten mit jeder Kopfbewegung hin und her, und um den Hals trug er eine große weiße Perlenkette aus Plastik.

Was Uwe wohl nicht erkannte, war, dass er so seiner Männlichkeit noch mehr Ausdruck verlieh. Mit einer gekünstelten Geste bat er mich herein. Ich setzte mich an seinen runden, rotlackierten Tisch und beobachtete, wie er die Kaffeemaschine füllte. Seine markanten Gesichtszüge konnte er auch unter dieser dicken Puderschicht nicht verstecken. Seine Körperhaltung wirkte steif wie die einer Marionette.

**Fazit:**

Sollte Uwe ein Transvestit sein, könnte man bei der Diagnose Transvestitismus davon ausgehen, dass ein vermutlich transsexueller Mensch beide Geschlechtsrollen leben möchte.

Oder ist er doch ein Transsexueller?

Finden Sie es selbst heraus und lesen Sie diesen spannenden Roman.

# Buchdaten:

Wunder brauchen Zeit

GEFÜHL HUMOR EROTIK

3. Auflage

Autorin: Jutta Schütz

Paperback - 168 Seiten

ISBN-13: 9783734760563

Verlag: Books on Demand

Erscheinungsdatum: 03.02.2015

Sprache: Deutsch

erhältlich als:

BUCH und  E-BOOK

Der Roman ist überall im Handel erhältlich.

Weitere Bücher finden Sie auf der Webseite:

**https://www.jutta-schuetz-autorin.de/**